Impressum
Verlag: BABADADA GmbH, Nedderfeld 112 , 22529 Hamburg
Geschäftsführer / Verlagsleitung: Harald Hof
Druck: Books on Demand GmbH, In de Tarpen 42, 22848 Norderstedt

Imprint
Publisher: BABADADA GmbH, Nedderfeld 112 , 22529 Hamburg, Germany
Managing Director / Publishing direction: Harald Hof
Print: Books on Demand GmbH, In de Tarpen 42, 22848 Norderstedt

okul

اسکول

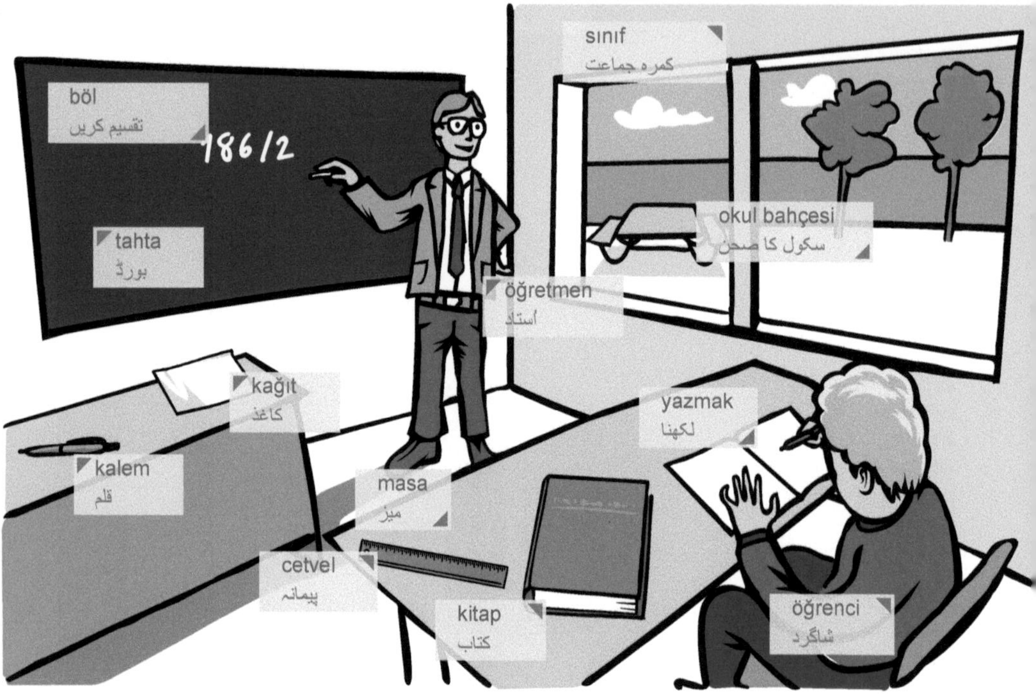

böl
تقسیم کریں
186/2
tahta
بورڈ
sınıf
کمرہ جماعت
okul bahçesi
سکول کا صحن
öğretmen
اُستاد
kağıt
کاغذ
yazmak
لکھنا
kalem
قلم
masa
میز
cetvel
پیمانہ
kitap
کتاب
öğrenci
شاگرد

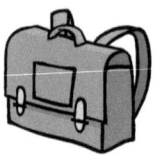

okul çantası

بستہ

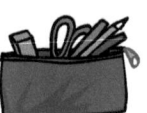

kalemlik

پینسل کیس

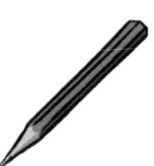

kurşun kalem

پینسل

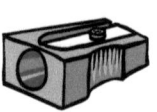

kalem açacağı

پینسل شارپنر

silgi

ربڑ

çizim defteri

ڈرائنگ پیڈ

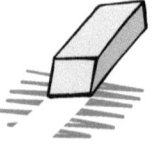

çizim

ڈرائنگ

resim fırçası

پینٹ برش

boya kutusu

پینٹ باکس

makas

قینچی

tutkal

گوند

alıştırma kitabı

مشق کی کاپی

ödev

ہوم ورک

sayı

ہندسہ

ekle

جمع کریں

çıkar

منفی کریں

çarp

ضرب دیں

hesapla

شمارکریں

harf

خط

alfabe

حروف تہجی

hello

kelime

لفظ

metin

متن

okumak

پڑھنا

tebeşir

چاک

ders

سبق

kayıt

اندراج

sınav

امتحان

sertifika

سند

okul forması

سکول یونیفارم

eğitim

تعلیم

ansiklopedi

انسائیکلوپیڈیا

üniversite

یونیورسٹی

mikroskop

خورد بین

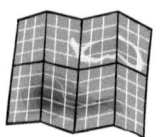

harita

نقشہ

kağıt çöp kutusu

ویسٹ پیپر باسکٹ

seyahat

سفر

otel
ہوٹل
Grand
pansiyon
ہاسٹل
ROOMS
döviz bürosu
رقم تبدیل کرانے کیلئے دفتر
CHANGE
bavul
سوٹ کیس
otomobil
کار

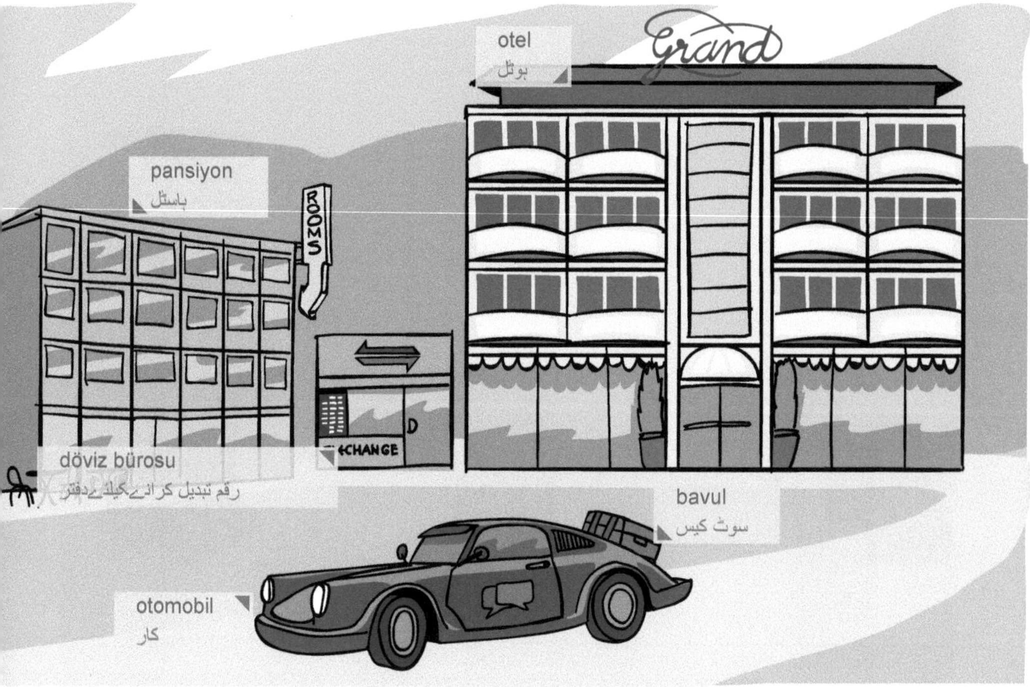

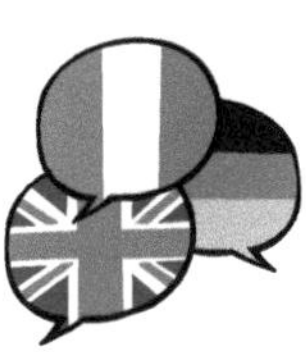

dil

زبان

evet / hayır

ہاں / نہیں

Tamam

ٹھیک ہے

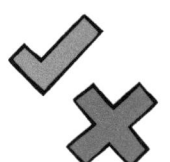

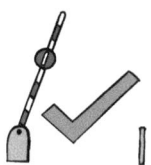

merhaba

ہیلو

çevirmen

مُترجم

Teşekkür ederim

شُکریہ

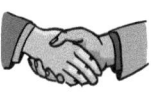

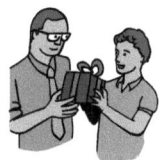

bu ... ne kadar?

؟ کی کیا قیمت ہے ---

anlamadım

میں نہیں سمجھتا

problem

مشکل

İyi akşamlar!

شام بخیر!

Günaydın!

صبح بخیر!

İyi geceler!

شب بخیر!

güle güle

الوداع

yön

سمت

bagaj

سفری سامان

çanta

بیگ

sırt çantası

بیگ پیک

misafir

مہمان

oda

کمرہ

uyku tulumu

سلیپنگ بیگ

çadır

ٹینٹ

turist danışma

سياحوں کے لئے معلومات

sahil

ساحل

kredi kartı

کریڈٹ کارڈ

kahvaltı

ناشتہ

öğle yemeği

لنچ

akşam yemeği

ڈنر

Bilet

ٹکٹ

asansör

لفٹ

pul

مہر

sınır

سرحد

gümrük

کسٹمز

elçilik

سفارت خانہ

vize

ویزا

pasaport

پاسپورٹ

ulaşım

نقل وحمل

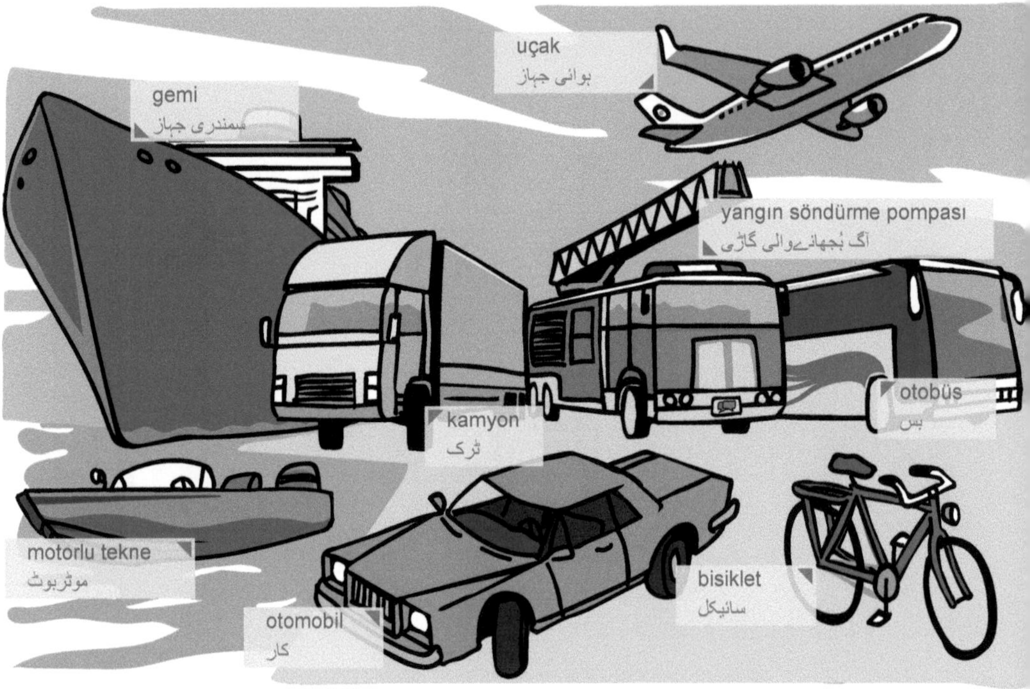

uçak
ہوائی جہاز
gemi
سمندری جہاز
yangın söndürme pompası
آگ بُجھانےوالی گاڑی
otobüs
بس
kamyon
ٹرک
motorlu tekne
موٹربوٹ
bisiklet
سائیکل
otomobil
کار

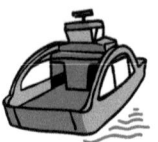

feribot

فیری

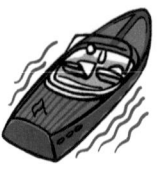

bot

کشتی

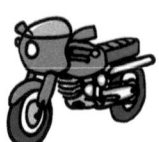

motosiklet

موٹرسائیکل

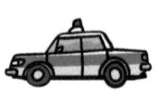

polis arabası

پولیس کار

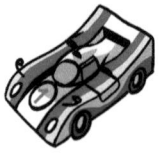

yarış arabası

ریسنگ کار

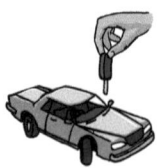

kiralık araba

کرایہ پرکار

ortak araba

کار کا اشتراک کرنا

çekici

کھینچنے والا ٹرک

çöp kamyonu

کوڑے والا ٹرک

motor

کار

yakıt

ایندھن

benzinlik

پٹرول اسٹیشن

trafik işareti

ٹریفک کے نشانات

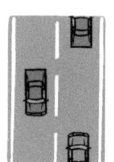

trafik

ٹریفک

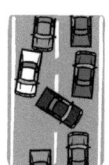

trafik sıkışıklığı

ٹریفک جام

otopark

کارپارک

tren istasyonu

ٹرین اسٹیشن

ray

پٹڑیاں

tren

ٹرین

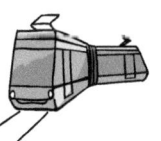

tramvay

ٹرام

vagon

ویگن

helikopter

بیلی کاپٹر

havaalanı

ائرپورٹ

kule

ٹاور

yolcu

مسافر

konteyner

کنٹینر

koli

ٹبہ

yük arabası

ریڑھا

sepet

ٹوکری

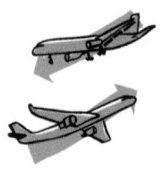

kalkış / iniş

اڑان بھرنا / زمین پراترنا

şehir

شہر

köy

گاؤں

şehir merkezi

سٹی سنٹر

ev

مکان

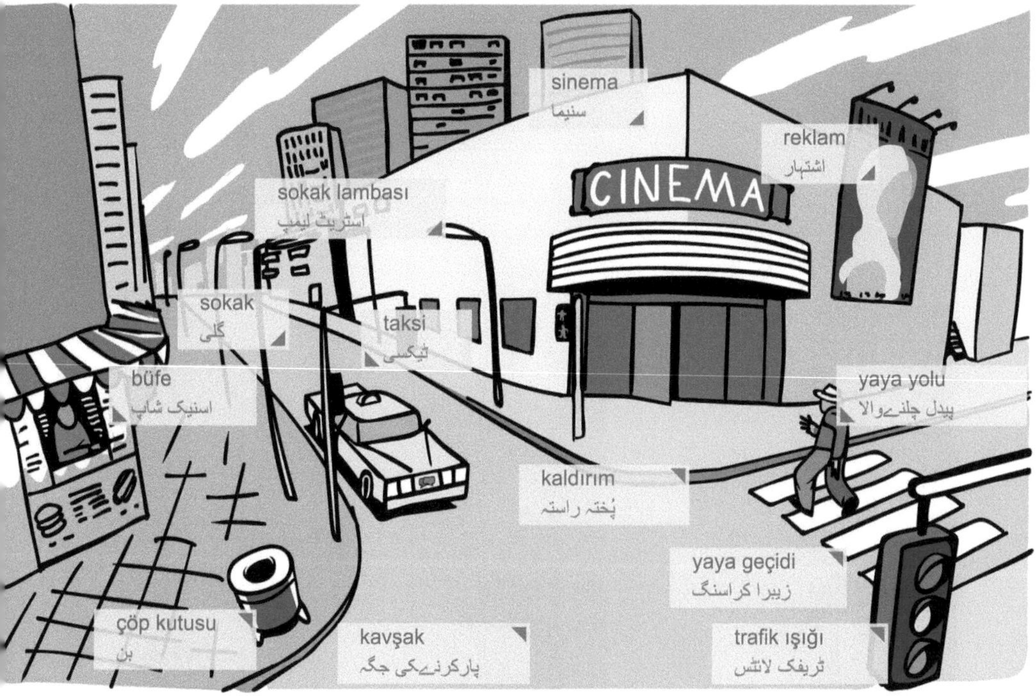

sinema — سنیما

reklam — اشتہار

sokak lambası — اسٹریٹ لیمپ

CINEMA

sokak — گلی

taksi — ٹیکسی

büfe — اسنیک شاپ

yaya yolu — پیدل چلنے والا

kaldırım — پختہ راستہ

yaya geçidi — زیبرا کراسنگ

çöp kutusu — بن

kavşak — پارکرنے کی جگہ

trafik ışığı — ٹریفک لائٹس

kulübe
....
بٹ

apartman dairesi
....
فلیٹ

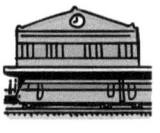

tren istasyonu
....
ٹرین اسٹیشن

belediye binası
....
ٹاؤن ہال

müze
....
عجائب گھر

okul
....
اسکول

üniversite

یونیورسٹی

banka

بینک

hastane

ہسپتال

otel

ہوٹل

eczane

فارمیسی

ofis

دفتر

kitapçı

کتابوں کی دکان

mağaza

دکان

çiçekçi

پھولوں کی دُکان

süpermarket

سُپرمارکیٹ

market

مارکیٹ

büyük mağaza

ڈیپارٹمنٹ سٹور

balık satıcısı

مچھلی کی دُکان

alışveriş merkezi

شاپنگ سنٹر

liman

بندرگاہ

park

پارک

bank

بنچ

köprü

پُل

merdiven

سیڑھیاں

metro

انڈرگراؤنڈ

tünel

سرنگ

otobüs durağı

بس اسٹاپ

bar

شراب خانہ

restoran

ریسٹورنٹ

posta kutusu

پوسٹ باکس

sokak tabelası

اسٹریٹ سائن

otopark sayacı

پارکنگ میٹر

hayvanat bahçesi

چڑیا گھر

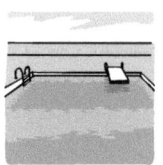

yüzme havuzu

سونمنگ پول

cami

مسجد

çiftlik

کھیت

kirlilik

آلودگی

mezarlık

قبرستان

kilise

چرچ

oyun alanı

کھیل کا میدان

tapınak

مندر

arazi

منظر

yaprak
پتہ

yön tabelası
رہنمائی کرنے لئے لگا ہوا بورڈ

yol
راستہ

çayır
سبزہ زار

taş
پتھر

ağaç
درخت

yürüyüşçü
پیدل چلنے والا، بائیکر

ırmak
دریا

çimen
گھاس

çiçek
پھول

vadi

وادی

tepe

پہاڑی

göl

جھیل

orman

جنگل

çöl

صحرا

volkan

آتش فشاں

kale

قلعہ

gökkuşağı

قوس قزح

mantar

کھمبی

palmiye

کجھور کا درخت

sivrisinek

مچھر

sinek

مکھی

karınca

چیونٹی

arı

مکھی

örümcek

مکڑا

böcek

بھونرا

kurbağa

مینڈک

sincap

گلہری

kirpi

خارپُشت

yabani tavşan

خرگوش

baykuş

الو

kuş

پرندہ

kuğu

راج ہنس

yaban domuzu

سؤر

geyik

ہرن

geyik

امریکی بارہ سنگھا

baraj

ڈیم

rüzgar türbini

ہوا سےچلنےوالی ٹربائنیں

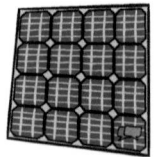

güneş paneli

سولرپینل

iklim

آب وہوا

restoran
ریسٹورنٹ

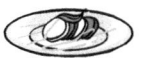

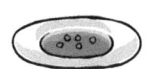

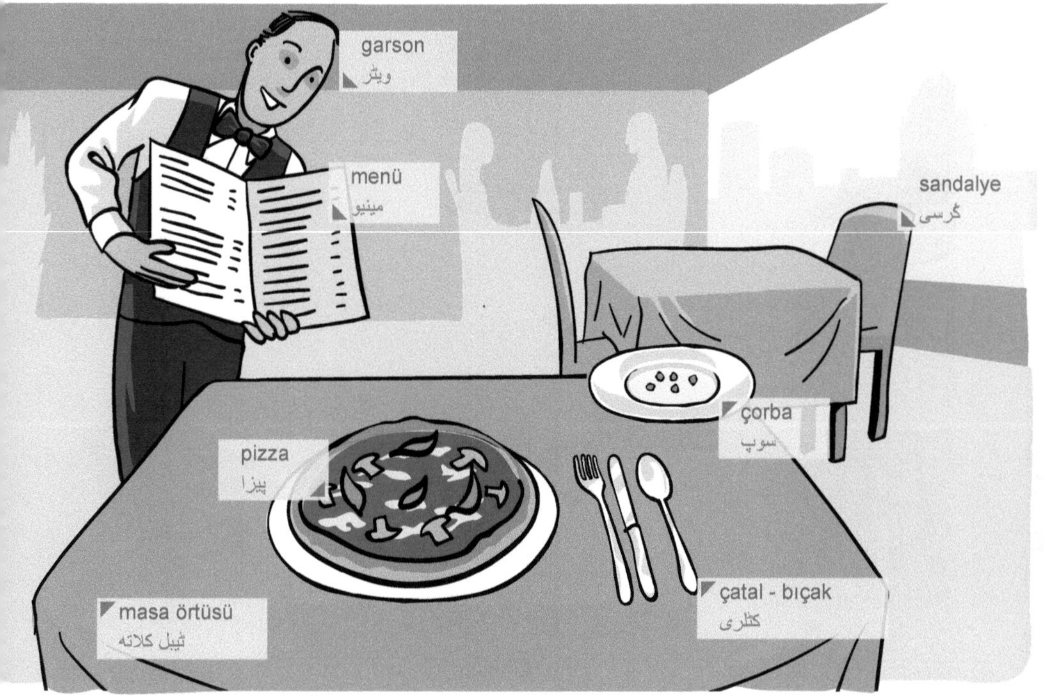
garson
ویٹر
menü
مینیو
sandalye
کرسی
çorba
سوپ
pizza
پیزا
masa örtüsü
ٹیبل کلاتھ
çatal - bıçak
کٹلری

başlangıç

اسٹارٹر

ana yemek

مین کورس

tatlı

ڈیزرٹ

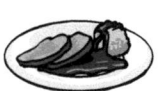

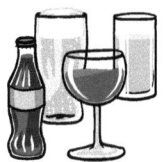

içecekler

مشروبات

yemek

کھانے کی اشیاء

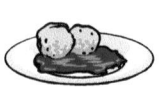

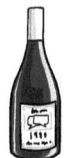

şişe

بوتل

fastfood

فاسٹ فوڈ

sokak yemeği

اسٹریٹ فوڈ

çaydanlık

چائےدانی

şekerlik

شوگر باکس

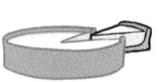

porsiyon

حصہ

espresso makinesi

ایسپریسو مشین

mama sandalyesi

اونچی کرسی

fatura

بل

tepsi

ٹرے

bıçak

چھُری

çatal

کانٹا

kaşık

چمچ

çay kaşığı

چائے کا چمچ

servis peçetesi

سرویئٹی

bardak

شیشہ

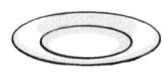

tabak

پلیٹ

çorba kasesi

سوپ پلیٹ

fincan altlığı

طشتری

sos

چٹنی

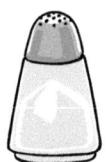

tuzluk

سالٹ شیکر

karabiber değirmeni

پپیرمل

sirke

سرکہ

yağ

خوردنی تیل

baharat

مصالحے

ketçap

کیچپ

hardal

سرسوں

mayonez

میئونیز

süpermarket

سُپرمارکیٹ

özel teklif
خصوصی پیشکش
FOR
müşteri
گاہک
süt ürünleri
ڈیری
meyve
پھل
alışveriş arabası
ٹرالی

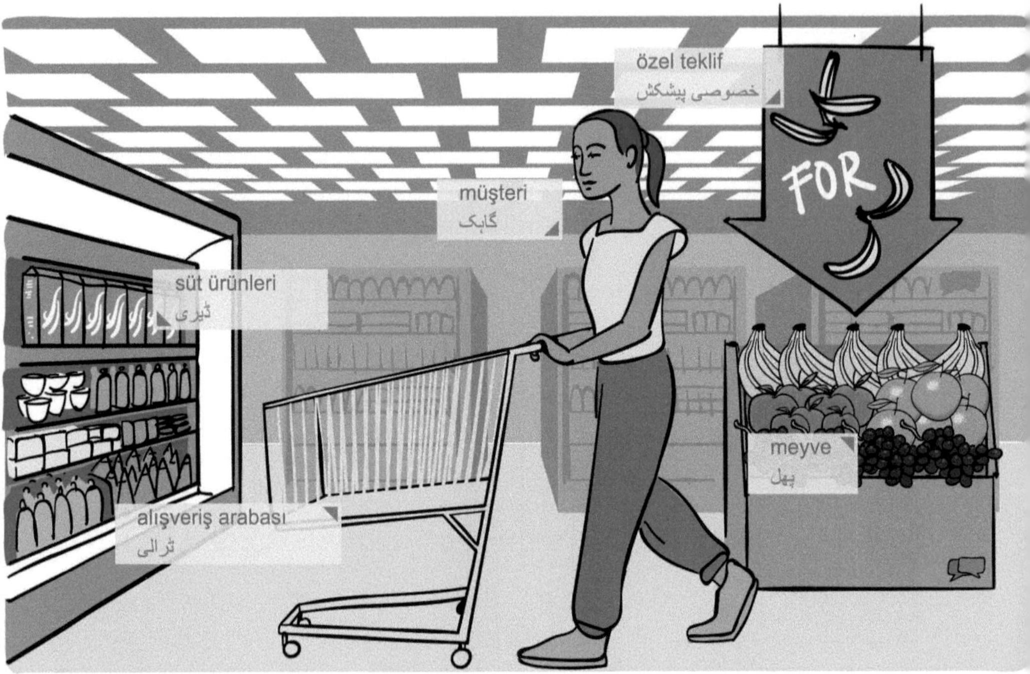

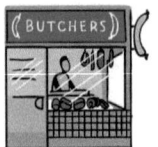

BUTCHERS

kasap

گوشت کی دُکان

BAKERY

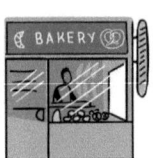

fırın

بیکری

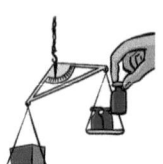

tartmak

وزن کرنا

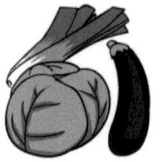

sebze

سبزیاں

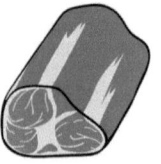

et

گوشت

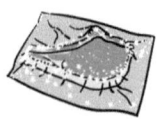

donmuş gıda

جما ہوا کھانا

söğüş et

کولڈ کٹس

konserve yiyecek

ڈبے میں بند کھانا

toz deterjan

واشنگ پاؤڈر

şekerlemeler

مٹھائیاں

ev temizlik ürünleri

گھریلو مصنوعات

temizlik ürünleri

صاف کرنے کیلئے مصنوعات

satış görevlisi

سیلز پرسن

yazar kasa

کیش رجسٹر

kasiyer

کیشئیر

alışveriş listesi

خریداری کی فہرست

açılış saatleri

اوقات کار

cüzdan

بٹوہ

kredi kartı

کریڈٹ کارڈ

çanta

تھیلا

plastik poşet

پلاسٹک کے تھیلے

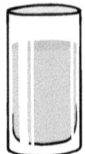

su

پانی

meyve suyu

جوس، رس

süt

دودھ

kola

کوک

şarap

وائن

bira

بیئر

alkol

الکوحل

kakao

کوکوآ

çay

چائے

kahve

کافی

espresso

ایسپریسو

kapuçino

کپاچینو

muz

کیلا

elma

سیب

portakal

مالٹا

kavun

خربوزہ

limon

لیموں

havuç

گاجر

sarımsak

لہسن

bambu

بانس

soğan

پیاز

mantar

کھمبی

çerez

اخروٹ، بادام وغیرہ

makarna

نوڈلز

spagetti

اسپیگیٹی

pirinç

چاول

salata

سلاد

cips

چپس

patates kızartması

تلے گئے آلو

pizza

پیزا

hamburger

ہیم برگر

sandviç

سینڈوچ

şinitzel

کٹلیٹ

pastırma

سؤرکی ران کا گوشت

salam

گوشت کی اطالوی ساسیج

sosis

ساسیج

tavuk

مُرغی

rosto

روسٹ

balık

مچھلی

yulaf ezmesi

جئی کا دلیہ

müsli

میوزلی

mısır gevreği

کارن فلیکس

un

آٹا

kruvasan

کرونیسنٹ

küçük ekmek

بریڈ رول

ekmek

بریڈ

tost

ٹوسٹ

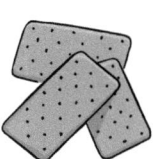

bisküvi

بسکٹ

tereyağı

مکھن

kaymak

دہی

kek

کیک

yumurta

انڈا

sahanda yumurta

فرائی کیا گیا انڈہ

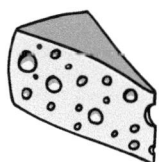

peynir

پنیر

dondurma

آئس کریم

şeker

چینی

bal

شہد

reçel

جام

fındık ezmesi

ناؤگٹ کریم

köri

سالن

کھانے کی اشیاء - yemek

çiftlik
کھیت

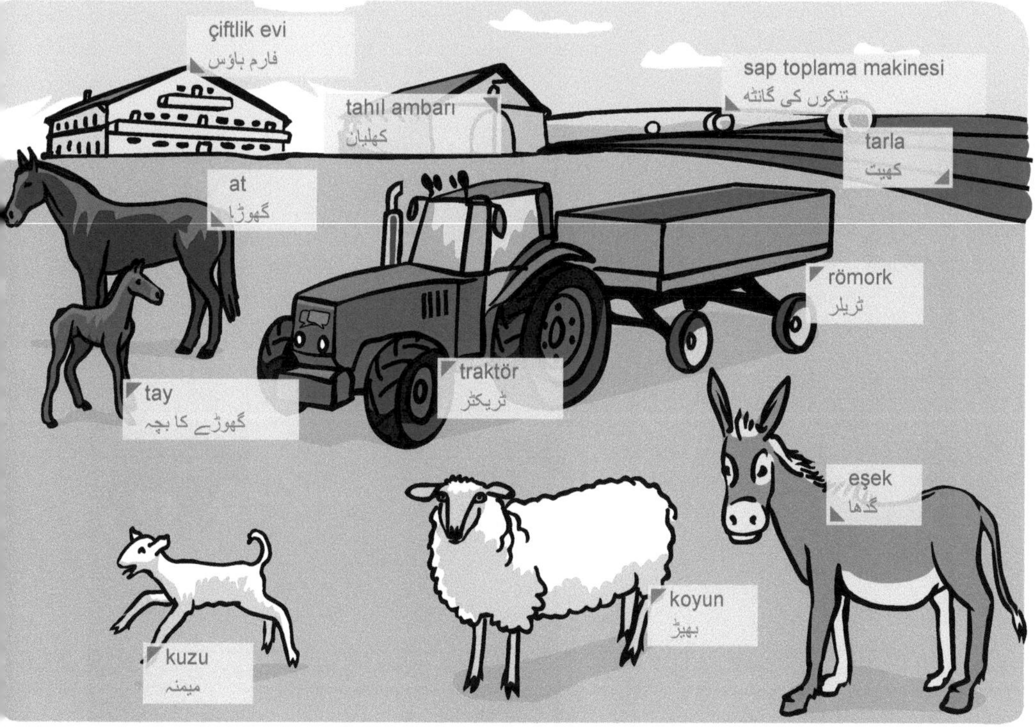

çiftlik evi
فارم ہاؤس
tahıl ambarı
کھلیان
sap toplama makinesi
تنکوں کی گانٹھ
tarla
کھیت
at
گھوڑا
römork
ٹریلر
traktör
ٹریکٹر
tay
گھوڑے کا بچہ
eşek
گدھا
koyun
بھیڑ
kuzu
میمنہ

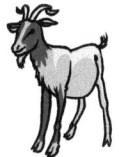

keçi
بکری

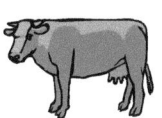

inek
گائے

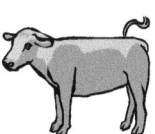

buzağı
بچھڑا

domuz
سؤر

domuz yavrusu
سؤرکابچہ

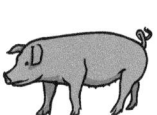

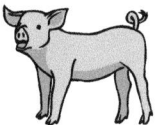

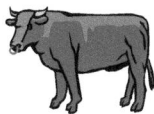

boğa
سانڈ

kaz

راج ہنس

ördek

بطخ

civciv

چوزہ

tavuk

مُرغی

horoz

مُرغا

sıçan

چوہا

kedi

بلی

fare

چوہا

öküz

بیل چھ

köpek

کتا

köpek kulübesi

کتے کا گھر

bahçe hortumu

گارڈن ہاؤس

sulama kabı

پانی کا کین

tırpan

درانتی

pulluk

ہل

orak

درانتی

çapa

بیلچہ

dirgen

ترنگل

balta

کلہاڑا

el arabası

ٹھیلا گاڑی

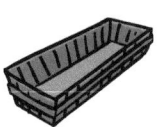

yemlik

حوض

süt kovası

دودھ کا کین

çuval

تھیلا

çit

باڑ

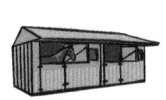

ahır

اصطبل

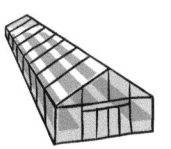

sera

گرین ہاؤس

toprak

مٹی

tohum

بیج

gübre

فرٹیلائزر

biçerdöver

کمبائن ہارویسٹر

hasat etmek

فصل کاٹنا

harman

فصل کاٹنا

tatlı patates

افریقی آلو

buğday

گندم

soya

سویا

patates

آلو

mısır

مکئی

kolza

توریا کا تیل

meyve ağacı

پھلداردرخت

manyok

کساوا

hububat

دلیہ

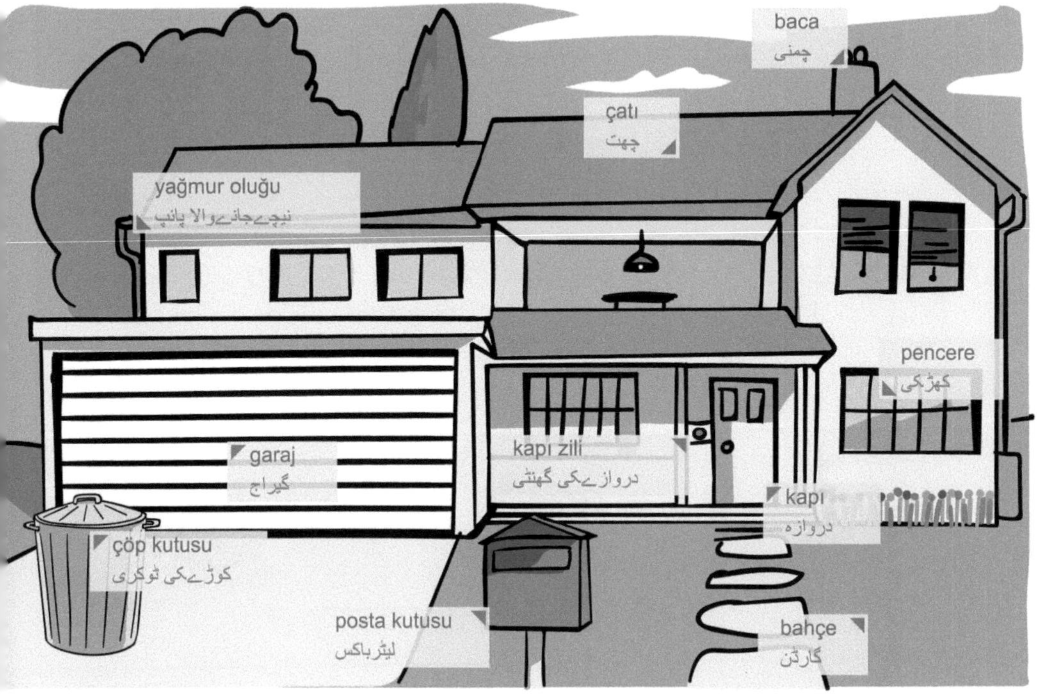

baca
چمنی

çatı
چھت

yağmur oluğu
نیچے جانے والا پائپ

pencere
کھڑکی

garaj
گیراج

kapı zili
دروازے کی گھنٹی

kapı
دروازہ

çöp kutusu
کوڑے کی ٹوکری

posta kutusu
لیٹر باکس

bahçe
گارڈن

oturma odası

لوونگ روم

banyo

غسل خانہ

mutfak

باورچی خانہ

yatak odası

بیڈروم

çocuk odası

بچوں کا کمرہ

yemek odası

کھانے کا کمرہ

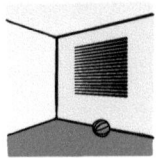

zemin

فرش

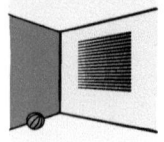

duvar

دیوار

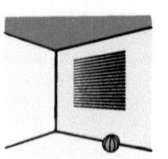

tavan

چھت

kiler

تہ خانہ

sauna

سوانا

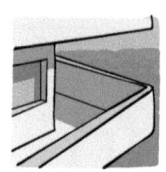

balkon

بالکونی

teras

ٹیریس

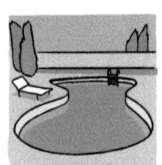

havuz

پول

çim biçme makinesi

گھاس کاٹنے کی مشین

çarşaf

چادر

yatak örtüsü

چادر

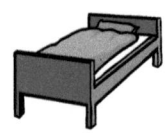

yatak

بستر

süpürge

جھاڑو

kova

بالٹی

anahtar

سونچ

oturma odası
لوونگ روم

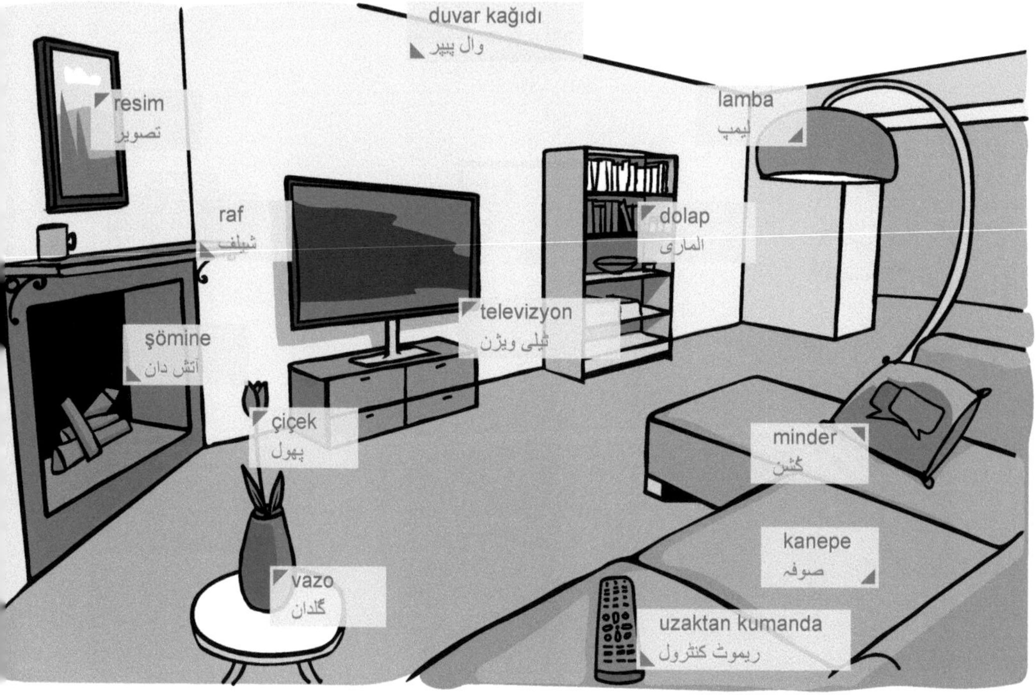
duvar kağıdı
وال پیپر
resim
تصویر
lamba
لیمپ
raf
شیلف
dolap
الماری
televizyon
ٹیلی ویژن
şömine
آتش دان
çiçek
پھول
minder
کُشن
kanepe
صوفہ
vazo
گلدان
uzaktan kumanda
ریموٹ کنٹرول

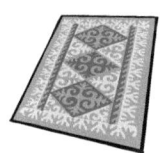

halı
قالین

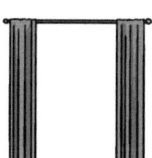

perde
پردے

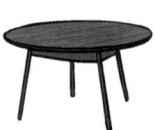

masa
میز

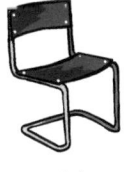

sandalye
کرسی

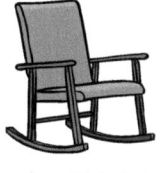

salıncaklı koltuk
ہلنے والی کرسی

koltuk
آرام کرسی

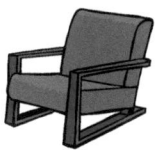

kitap

کتاب

battaniye

کمبل

dekor

آرائش

odun

جلانےکی لکڑی

film

فلم

hi-fi

ہائی فائی

anahtar

چابی

gazete

اخبار

tablo

پینٹنگ

poster

پوسٹر

radyo

ریڈیو

defter

نوٹ بُک

elektrikli süpürge

ویکیوم کلینر

kaktüs

کیکٹس

mum

موم بتی

mutfak
باورچی خانہ

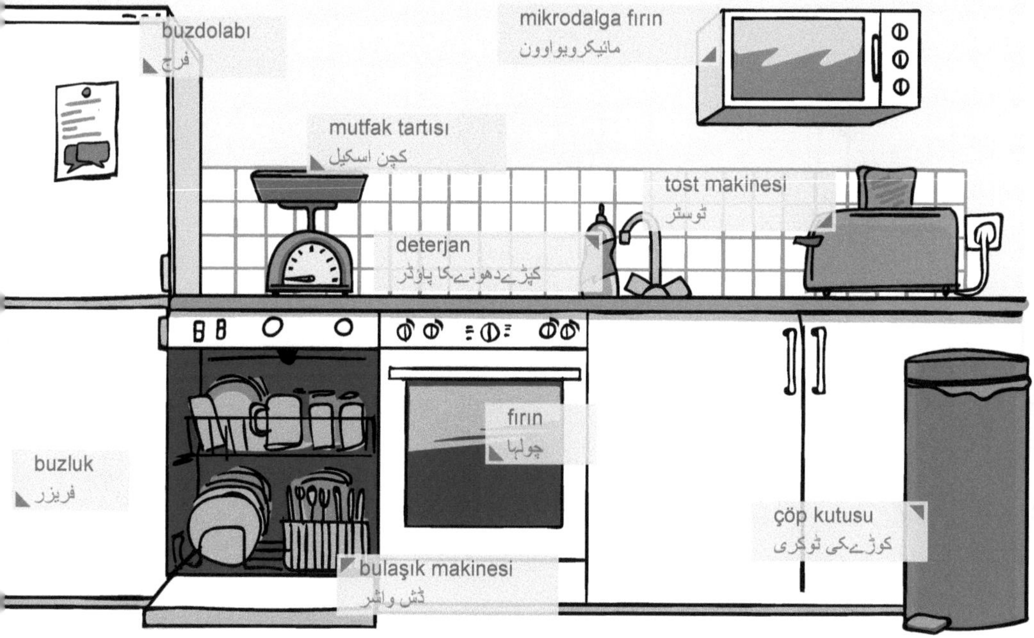
buzdolabı
فرج
mikrodalga fırın
مائیکروویواوون
mutfak tartısı
کچن اسکیل
tost makinesi
ٹوسٹر
deterjan
کپڑے دھونے کا پاؤڈر
fırın
چولہا
buzluk
فریزر
çöp kutusu
کوڑے کی ٹوکری
bulaşık makinesi
ڈش واشر

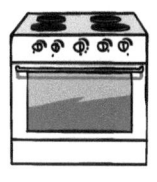

ocak

ککر

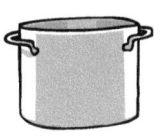

tencere

برتن

döküm tencere

لوہے کا برتن

wok

کڑاہی

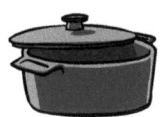

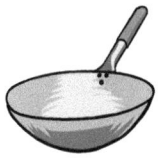

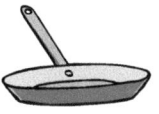

tava

برتن

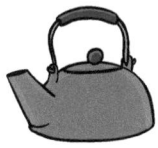

su ısıtıcı

کیتلی

buharlı pişirici

اسٹیمر

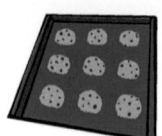

pişirme tepsisi

بیکنگ ٹرے

tabak takımı

کراکری

kupa

مگ

kase

پیالہ

çubuk (çin yemeği)

چاپ اسٹکس

kepçe

ڈونی

spatula

کفچہ

çırpma teli

جھاڑو دینا

süzgeç

مقطر

elek

چھلنی

rende

گریٹر

havan

کونڈی

barbekü

باربی کیو

açık ateş

کھلی آگ

kesme tahtası

چاپنگ بورڈ

merdane

بیلن

tirbüşon

کارک اسکریو

konserve kutusu

کین

konserve açacağı

کین اوپنر

fırın eldiveni

برتن پکڑنےوالا کپڑا

evye

سنک

fırça

برش

sünger

اسپونج

blender

بلینڈر

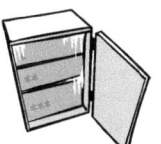

derin dondurucu

ڈیپ فریز

biberon

بچےکی بوتل

musluk

ٹونٹی

banyo
غُسل خانہ

ısıtma
ہیٹنگ
duş
شاور
havlu
تولیہ
duş perdesi
شاورکرٹن
köpük banyosu
ببل باتھ
küvet
باتھ ٹب
bardak
شیشہ
çamaşır makinesi
واشنگ مشین
musluk
ٹونٹی
fayans
ٹائلیں
lazımlık
پاٹی
evye
سنک

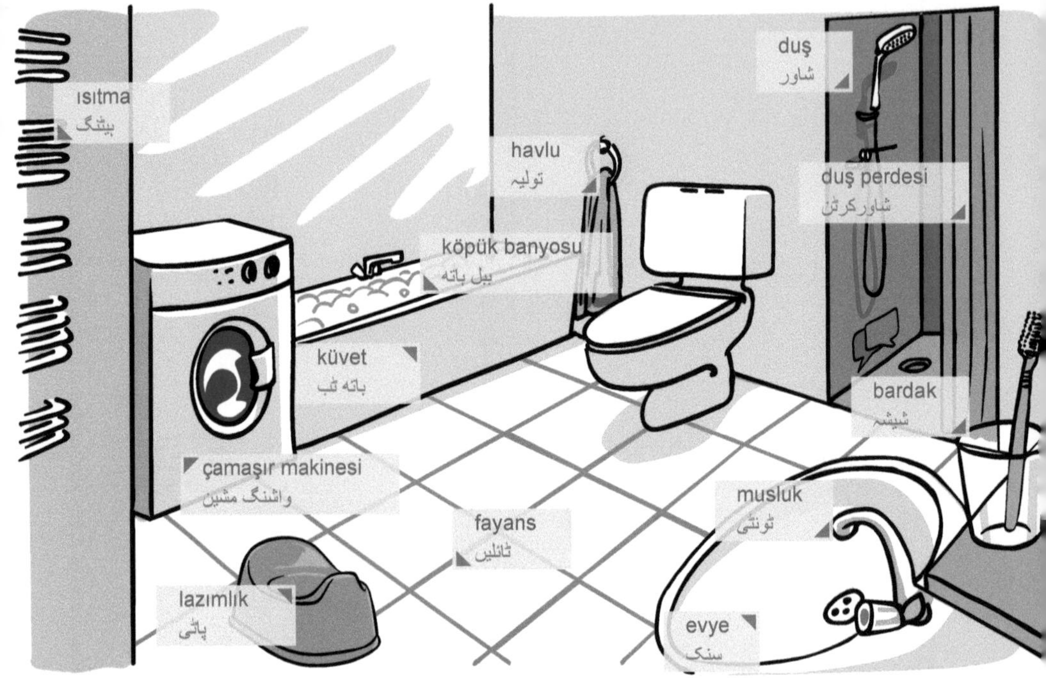

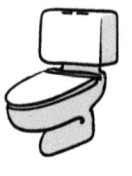

tuvalet

ٹائلٹ

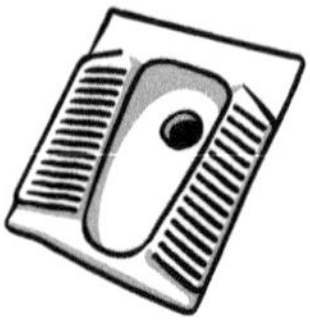

alaturka tuvalet

دوزانوں بیٹھنےوالی ٹائلٹ

bide

نچلاحصہ دھونےکیلئےپاٹ

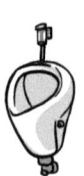

pisuvar

پیشاب گاہ

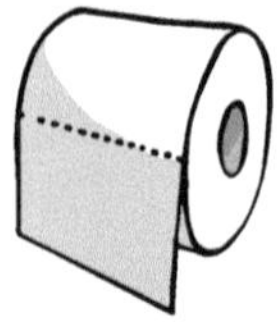

tuvalet kağıdı

ٹائلٹ پیپر

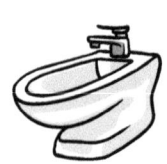

tuvalet fırçası

ٹائلٹ برش

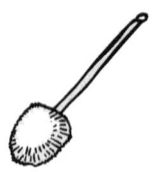

diş fırçası

ٹوتھ برش

diş macunu

ٹوتھ پیسٹ

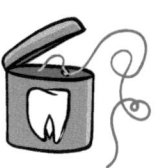

diş ipi

ڈینٹل فلاس

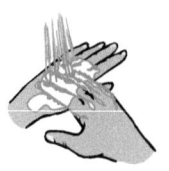

yıkamak

دھونا

duş başlığı

ہینڈ شاور

duş başlığı şeklinde taharet musluğu

شاور

küvet

بیسن

banyo fırçası

بیک برش

sabun

صابن

duş jeli

شاورجل

şampuan

ثیمپو

banyo lifi

فلالین

gider

ڈرین

krem

کریم

deodorant

ڈیوڈورنٹ

ayna

آئینہ

el aynası

ہاتھ میں پکڑا جانے والا آئینہ

jilet

ریزر

tıraş köpüğü

شیونگ فوم

tıraş losyonu

آفٹر شیو

tarak

کنگھی

fırça

برش

saç kurutma makinesi

ہیئر ڈرائر

saç spreyi

ہیئر اسپرے

makyaj

میک اپ

ruj

لپ اسٹک

tırnak cilası

نیل وارنش

pamuk

روئی

tırnak makası

ناخن کاٹنے کی قینچی

parfüm

پرفیوم

makyaj çantası

واش بیگ

tabure

پاخانہ

tartı

وزن کرنےکی مشین

bornoz

باتھ روب

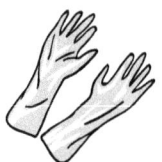

lastik eldiven

ربڑکےدستانے

tampon

تیمپون

kadın pedi

سینیٹری ٹاول

kimyevi tuvalet

کیمیکل ٹائلٹ

çocuk odası

بچوں کا کمرہ

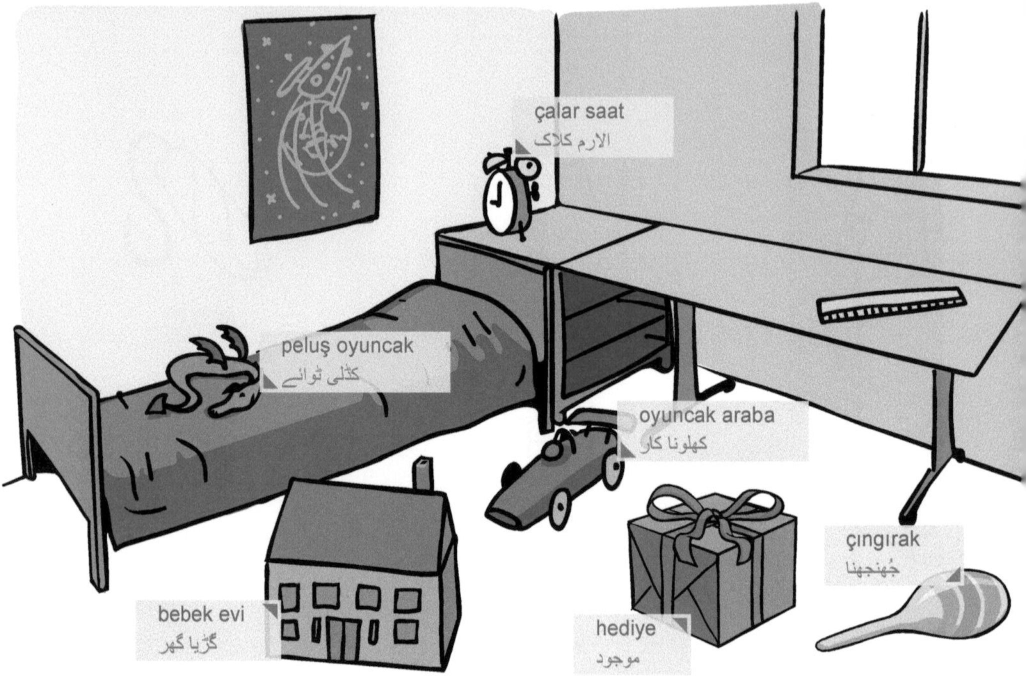

çalar saat
الارم کلاک
peluş oyuncak
کڈلی ٹوائے
oyuncak araba
کھلونا کار
çıngırak
جُھنجھنا
bebek evi
گڑیا گھر
hediye
موجود

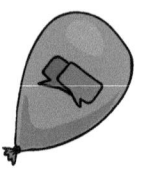

balon
غبارہ

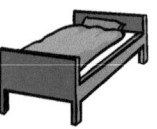

yatak
بستر

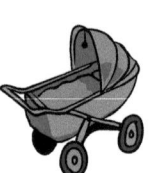

bebek arabası
پرام

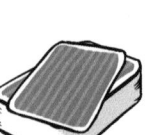

kart destesi
ڈیک آف کارڈز

yapboz
جگسا

SUPER
MEGA

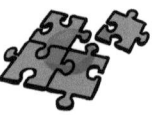

çizgi roman
کامک

lego tuğlaları

لیگوبریکس

lego blokları

كهلونا بلاكس

aksiyon figürü

ایكشن فگر

zıbın

بچے كا لباس

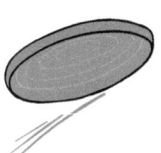

frizbi

فرسبی

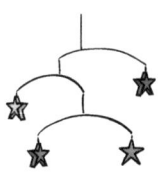

dönence

كهلونا موبائل

masa oyunu

بورڈ گیم

zar

ڈائس

model tren seti

ماڈل ٹرین سیٹ

emzik

ٹمی

parti

پارٹی

resimli kitap

تصاویروالی كتاب

top

گیند

oyuncak bebek

گڑیا

oynamak

كهیلنا

kum havuzu

سینڈ پٹ

salıncak

جھولا جھولنا

oyuncaklar

کھلونے

video oyun konsolu

وڈیوگیم کنسول

üç tekerlekli bisiklet

تین پہیوں والی سائیکل

oyuncak ayı

ٹیڈی بیر

gardırop

کپڑوں کی الماری

kıyafet

لباس

çorap

موزے

külotlu çorap

اسٹاکنگز

tayt

ٹائٹس

eşarp
اسكارف

kemer
بيلٹ

şemsiye
چھتری

tişört
ٹی شرٹ

bot
بوٹ

terlik
سلیپر

spor ayakkabı
اسنیکرز

sandalet
سینڈل

ayakkabı
جوتے

lastik çizme
ربڑ کے بوٹس

külot
زیر جامہ

sütyen
بریزنیر

yelek
واسکٹ

dar bluz

جسم

pantolon

پتلون

kot pantolon

جینز

etek

اسکرٹ

bluz

بلاؤز

gömlek

قمیض

kazak

پُل اوور

süveter

سویٹر

blazer

بلیزر

ceket

جیکٹ

mont

کوٹ

yağmurluk

رین کوٹ

kostüm

کوئی خاص لباس

elbise

لباس

gelinlik

شادی کا لباس

takım elbise

سوٹ

gecelik

نائٹ گاؤن

pijama

پاجامہ

sari

ساڑھی

baş örtüsü

سرپرلیا جانےوالا اسکارف

türban

پگڑی

burka

بُرقع

kaftan

کفتان

çarşaf

عبایہ

mayo

تیراکی کا سوٹ

erkek mayosu

ٹرنک

şort

نیکر

eşofman

ٹریک سوٹ

önlük

اپرن

eldiven

دستانے

düğme

بٹن

gözlük

عینک

bilezik

کنگن

kolye

ہار

yüzük

انگوٹھی

küpe

کانوں کی بالیاں

kep

ٹوپی

portmanto

کوٹ ہینگر

şapka

ہیٹ

kravat

ٹائی

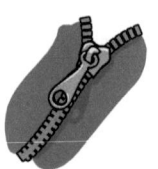

fermuar

زپ

kask

ہیلمٹ

pantolon askısı

بریسز

okul forması

سکول یونیفارم

üniforma

وردی

mama önlüğü
بب

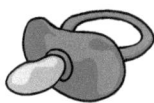

emzik
ڈمی

bebek bezi
نیپی

ofis
دفتر

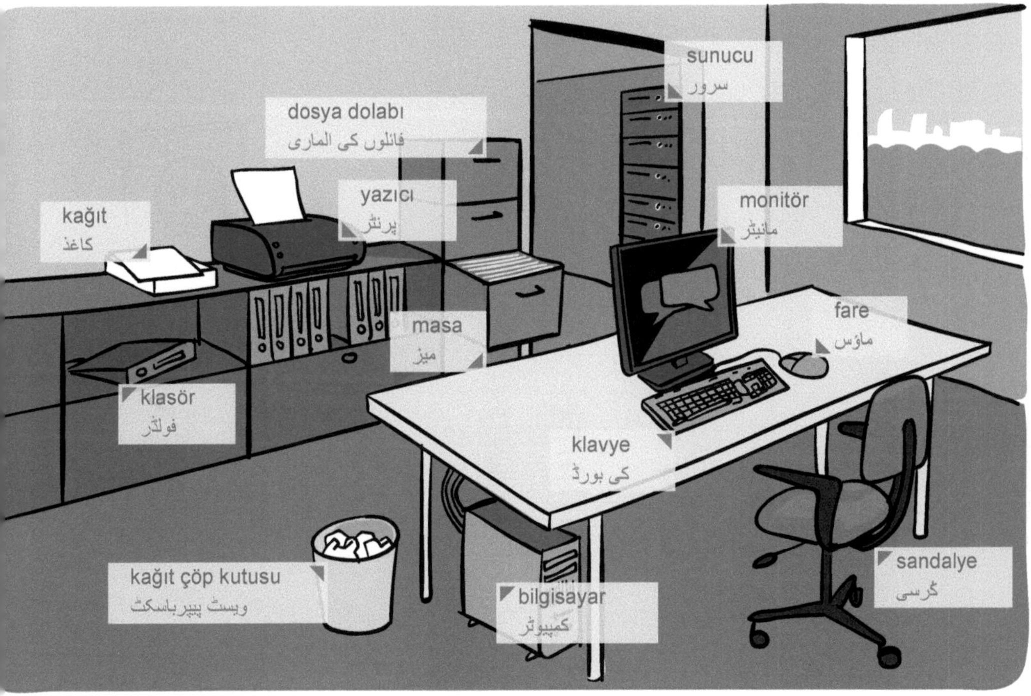

sunucu
سرور

dosya dolabı
فائلوں کی الماری

monitör
مانیٹر

kağıt
کاغذ

yazıcı
پرنٹر

fare
ماؤس

masa
میز

klasör
فولڈر

klavye
کی بورڈ

kağıt çöp kutusu
ویسٹ پیپر باسکٹ

bilgisayar
کمپیوٹر

sandalye
کرسی

kahve fincanı
کافی مگ

hesap makinesi
کیلکولیٹر

internet
انٹرنیٹ

dizüstü

ليپ ٹاپ

mektup

خط

mesaj

پيغام

cep telefonu

موبائل

ağ

نيٹ ورک

fotokopi makinesi

فوٹوکاپئير

yazılım

سافٹ ويئر

telefon

ٹيلى فون

priz

پلگ ساکٹ

faks makinesi

فيکس مشين

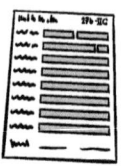

form

فارم

belge

دستاويز

satın almak

خریدنا

ödemek

ادائیگی کرنا

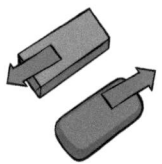

ticaret yapmak

تجارت کرنا

para

رقم

dolar

ڈالر

avro

یورو

yen

ین

ruble

روبل

İsviçre frangı

سوئس فرانک

Çin yuanı

رینمینبی یوآن

rupi

روپیہ

kasa

کیش پوائنٹ

döviz bürosu

رقم تبدیل کرانے کیلئے دفتر

altın

سونا

gümüş

چاندی

petrol

خام تیل

enerji

توانائی

fiyat

قیمت

kontrat

معاہدہ

vergi

ٹیکس

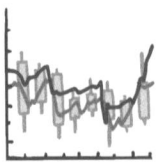

menkul değer

اسٹاک

çalışmak

کام کرنا

işveren

ملازم

işçi

آجر

fabrika

فیکٹری

mağaza

دکان

meslekler

پیشے

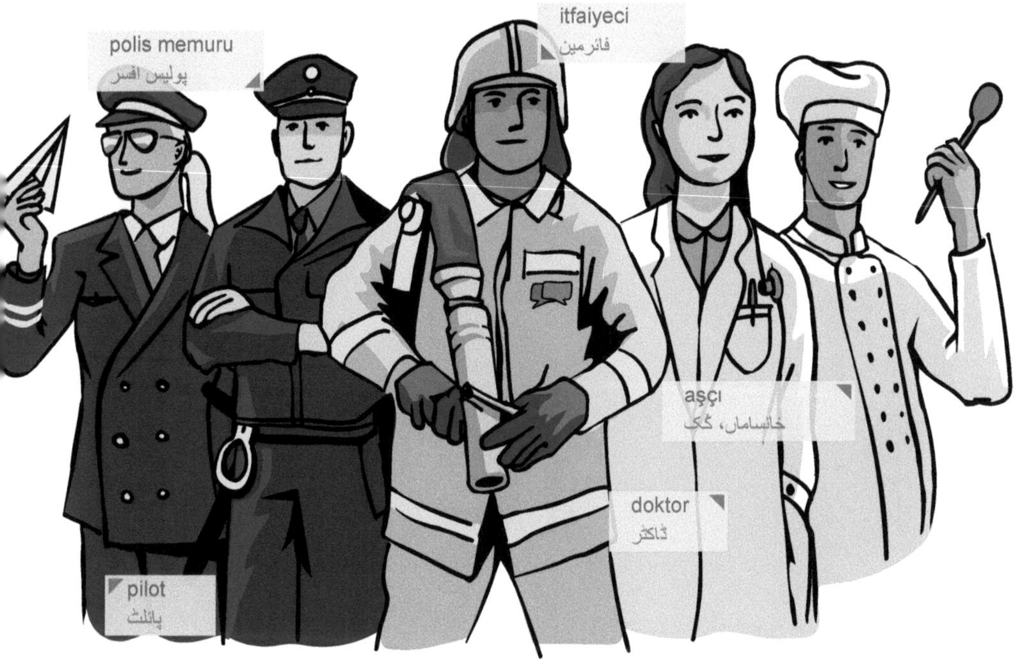

polis memuru
پولیس افسر
itfaiyeci
فائرمین
aşçı
خانساماں، کُک
doktor
ڈاکٹر
pilot
پائلٹ

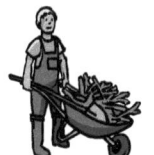

bahçıvan

مالی

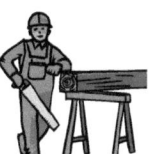

marangoz

ترکھان

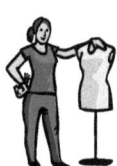

terzi

درزن

hakim

جج

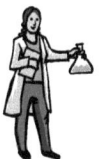

kimyager

کیمسٹ

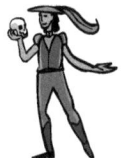

aktör

اداکار

otobüs şoförü

بس ڈرائیور

taksi şoförü

ٹیکسی ڈرائیور

balıkçı

مچھیرا

temizlikçi

صفائی کرنے والی عورت

çatı ustası

چھت بنانے والا

garson

ویٹر

avcı

شکاری

boyacı

پینٹر

fırıncı

بیکر

elektrikçi

الیکٹریشین

inşaatçı

بلڈر

mühendis

انجینیر

kasap

قصائی

muslukçu

پلمبر

postacı

ڈاکیا

asker

سپاہی

mimar

آرکیٹیکٹ

kasiyer

کیشیئر

çiçekçi

پھول بیچنے والا

kuaför

نائی

kondüktör

کنڈکٹر

tamirci

مکینک

kaptan

کپتان

dişçi

ڈینٹسٹ

bilim insanı

سائنسدان

haham

یہودی عالم

imam

امام

keşiş

راہب

rahip

پادری

aletler
اوزار

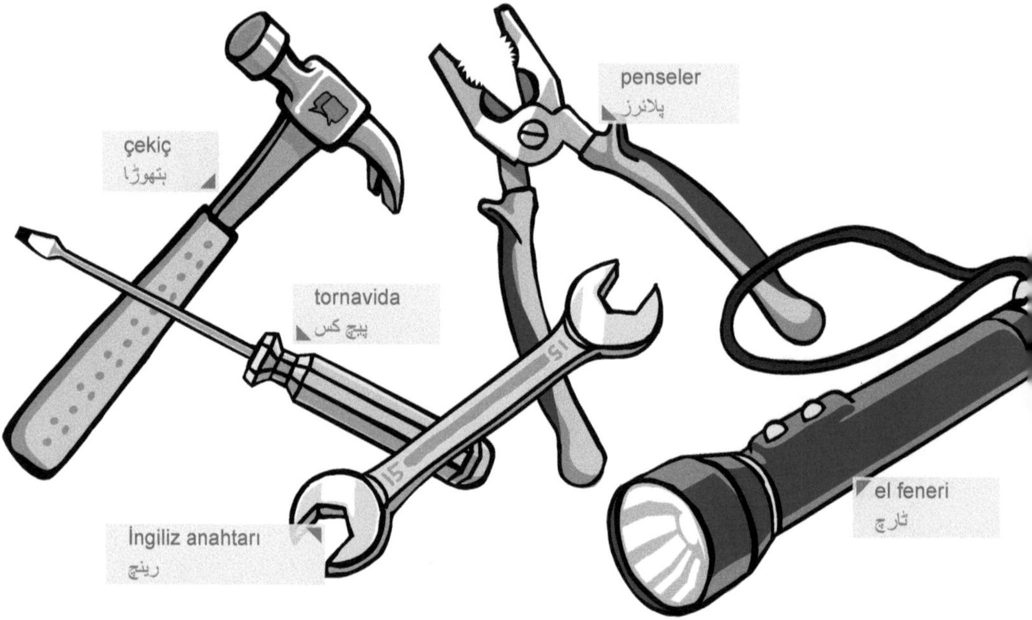

penseler
پلائرز
çekiç
ہتھوڑا
tornavida
پیچ کس
İngiliz anahtarı
رینچ
el feneri
ٹارچ

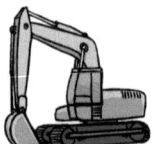

kazı makinesi

ایکسکویٹر

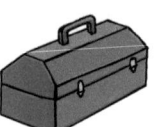

alet çantası

ٹول باکس

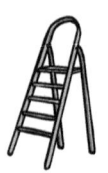

merdiven

سیڑھی

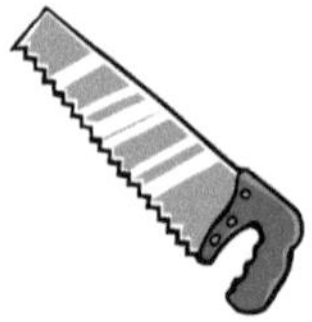

testere

آری

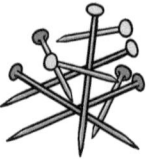

çiviler

کیل

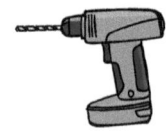

matkap

ڈرل

tamir etmek

مرمت کرنا

kürek

بیلچہ

Kahretsin!

لعنت ہو!

faraş

ڈسٹ پین

boya tenekesi

پینٹ پاٹ

vidalar

پیچ

müzik enstrümanı
آلات موسیقی

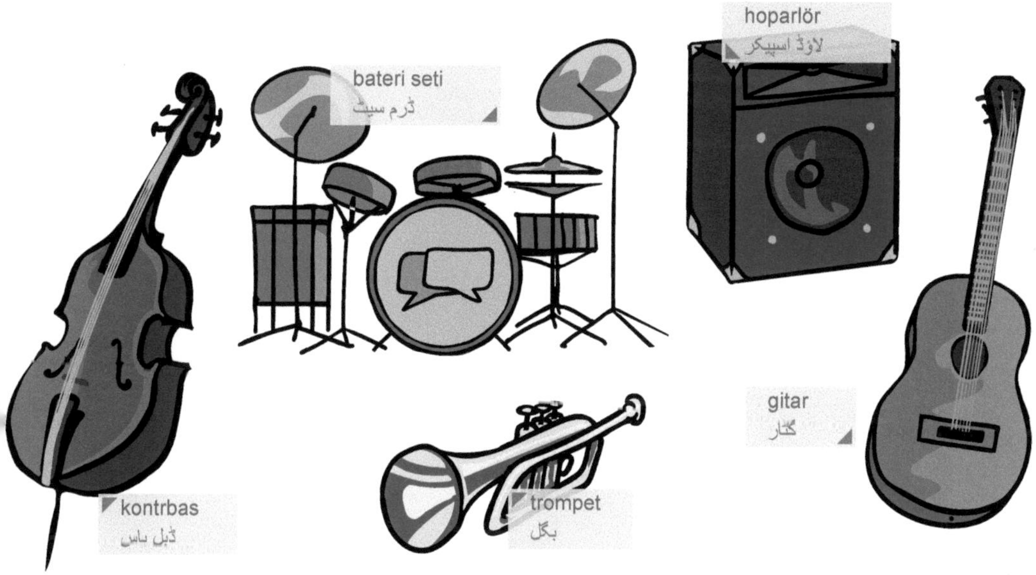

hoparlör
لاؤڈ اسپیکر

bateri seti
ڈرم سیٹ

gitar
گٹار

kontrbas
ڈبل باس

trompet
بگل

piyano

پیانو

keman

وائلن

basgitar

موسیقی کی آواز

timpani

ٹمپانی

bateri

ڈھول، ڈرمز

klavye

کی بورڈ

saksafon

سیکسوفون

flüt

بانسری

mikrofon

مائیکروفون

hayvanat bahçesi
چڑیا گھر

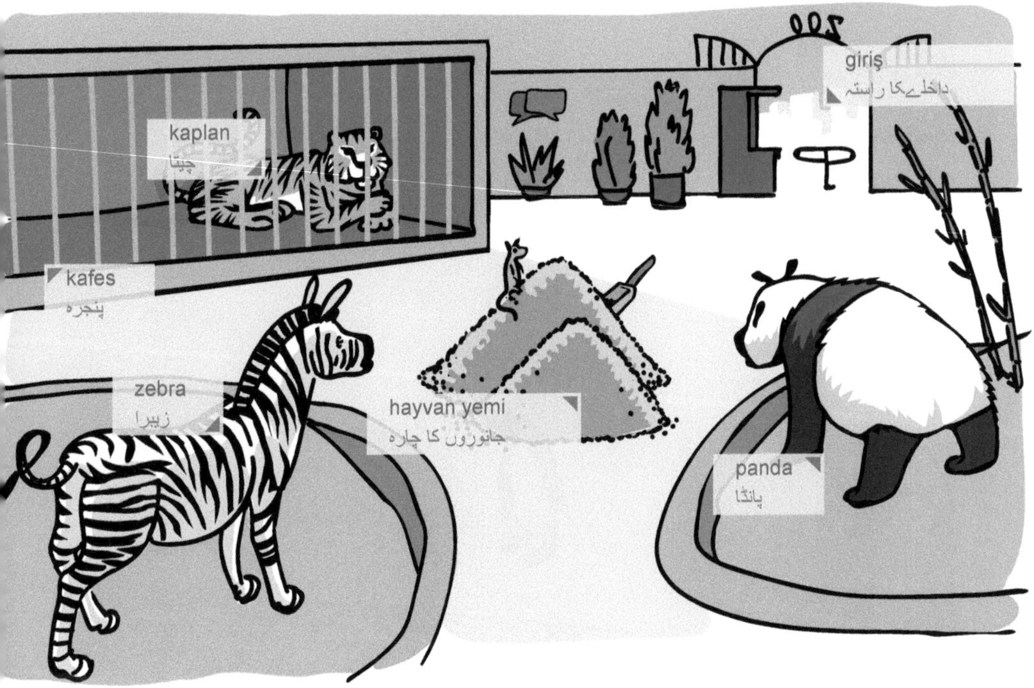

giriş
داخلے کا راستہ
kaplan
چیتا
kafes
پنجرہ
zebra
زیبرا
hayvan yemi
جانوروں کا چارہ
panda
پانڈا

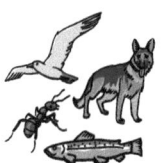

hayvanlar

جانور

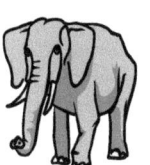

fil

ہاتھی

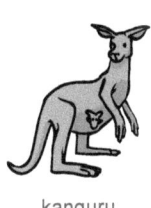

kanguru

کینگرو

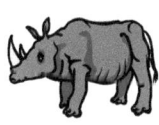

gergedan

گینڈا

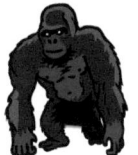

goril

گوریلا

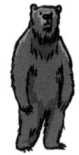

ayı

ریچھ

deve

اونٹ

deve kuşu

شُترمُرغ

aslan

شیر

maymun

بندر

flamingo

فلیمنگو

papağan

طوطا

kutup ayısı

قطبی ریچھ

penguen

کبوتر

köpek balığı

شارک

tavus kuşu

مور

yılan

سانپ

timsah

مگرمچھ

hayvanat bahçesi görevlisi

چڑیا گھر کا محافظ

fok

سیل

jaguar

امریکی تیندوا

midilli atı

ٹٹو

leopar

چیتا

su aygırı

دریائی گھوڑا

zürafa

زرافہ

kartal

عقاب

yaban domuzu

سؤر

balık

مچھلی

kaplumbağa

کچھوا

mors

سمندری گھوڑا

tilki

لومڑی

ceylan

غزال ہرن

amerikan futbolu
امریکن فٹ بال

bisiklete binme
سائیکلنگ

tenis
ٹینس

basketbol
باسکٹ بال

yüzme
پیراکی

buz hokeyi
آئس ہاکی

boks
باکسنگ

futbol
فٹ بال

badminton
بیڈمنٹن

atletizm
اتھلیٹکس

hentbol
ہینڈ بال

kayak
اسکیئنگ

polo
پولو

etkinlikler
سرگرمیاں

atlamak
چھلانگ لگا
sarılmak
گلے لگانا
gülmek
ہنسنا
yürümek
چلنا
söylemek
گانا
hayal etmek
خواب دیکھنا
dua etmek
دُعا کرنا
öpmek
چُومنا

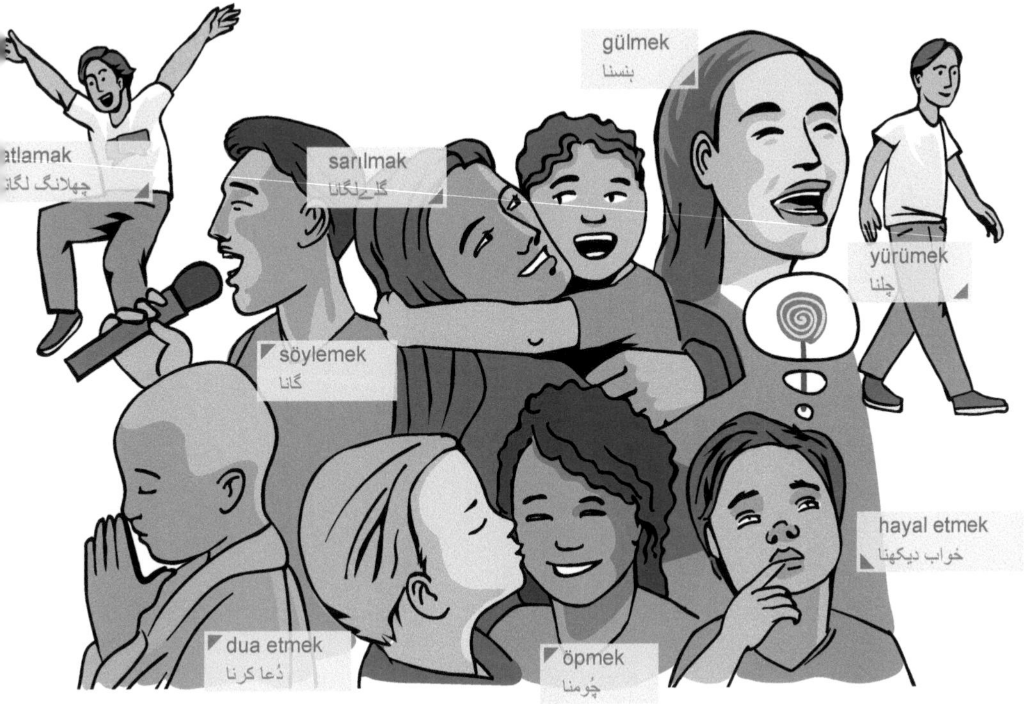

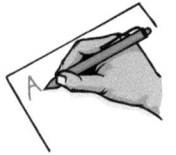

yazmak
لکھنا

çizmek
تصویرکشی کرنا

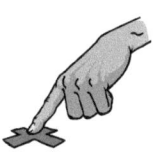

göstermek
دکھانا

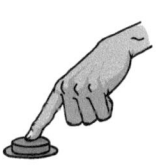

itmek
آگے کی طرف دھکیلنا

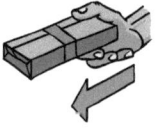

vermek
دینا

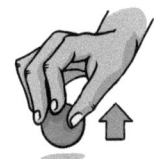

almak
لینا

sahip olmak

رکھنا

yapmak

کرنا

olmak

ہونا

ayakta durmak

کھڑا ہونا

koşmak

دوڑنا

çekmek

کھینچنا

atmak

پھینکنا

düşmek

گرنا

yalan söylemek

جھوٹ بولنا

beklemek

انتظار کرنا

taşımak

اٹھانا

oturmak

بیٹھنا

giyinmek

ملبوس ہونا

uyumak

سونا

uyanmak

جاگنا

bakmak

دیکھنا

ağlamak

رونا

vurmak

چوٹ لگانا

taramak

کنگھی کرنا

konuşmak

بات کرنا

anlamak

سمجھنا

sormak

پوچھنا

dinlemek

مُتوجہ ہونا

içmek

پینا

yemek

کھانا

düzenlemek

صاف کرنا

sevmek

پیار کرنا

pişirmek

پکانا

sürmek

گاڑی چلانا

uçmak

اڑنا

denize açılmak

بحری سفرکرنا

hesapla

شمارکریں

okumak

پڑھنا

öğrenmek

سیکھنا

çalışmak

کام کرنا

evlenmek

شادی کرنا

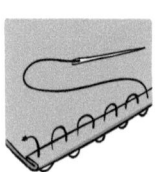

dikmek

سینا

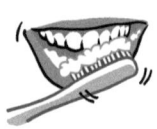

diş fırçalamak

دانت صاف کرنا

öldürmek

جان سےماردینا

sigara içmek

تمباکونوشی کرنا

yollamak

بھیجنا

aile
خاندان

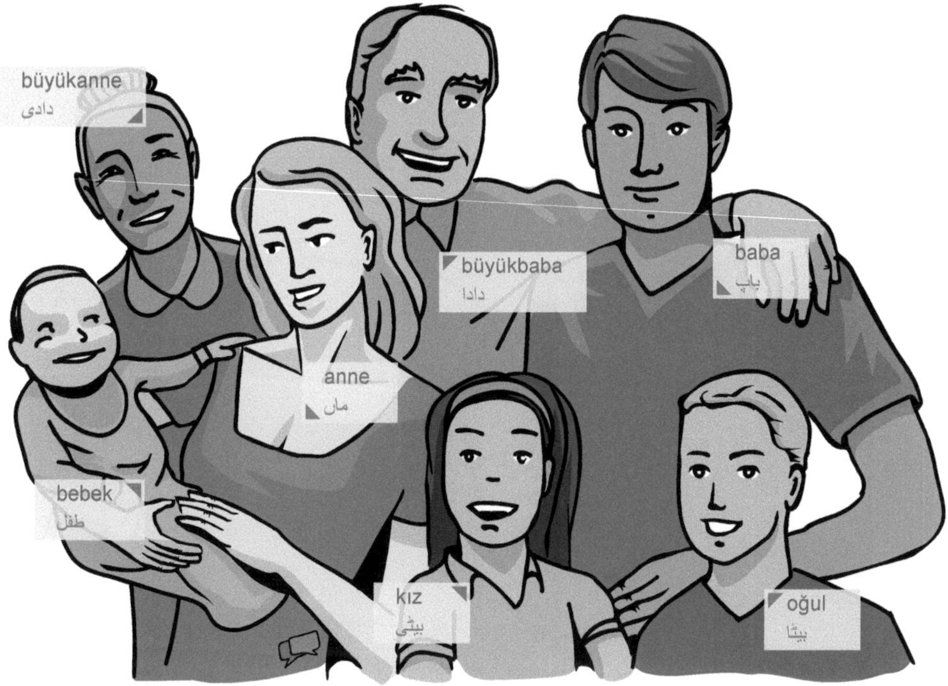

büyükanne
دادی
büyükbaba
دادا
baba
باپ
anne
ماں
bebek
طفل
kız
بیٹی
oğul
بیٹا

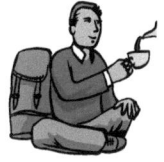

misafir

مہمان

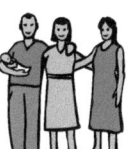

teyze

چچی

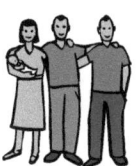

amca

چچا

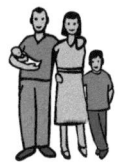

erkek kardeş

بھائی

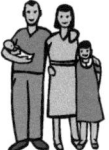

kız kardeş

بہن

vücut

جسم

alın
ماتھا
göz
آنکھ
yüz
چہرہ
çene
ٹھوڑی
göğüs
چھاتی
parmak
انگلی
el
ہاتھ
kol
بازو
omuz
کندھا
bacak
ٹانگ

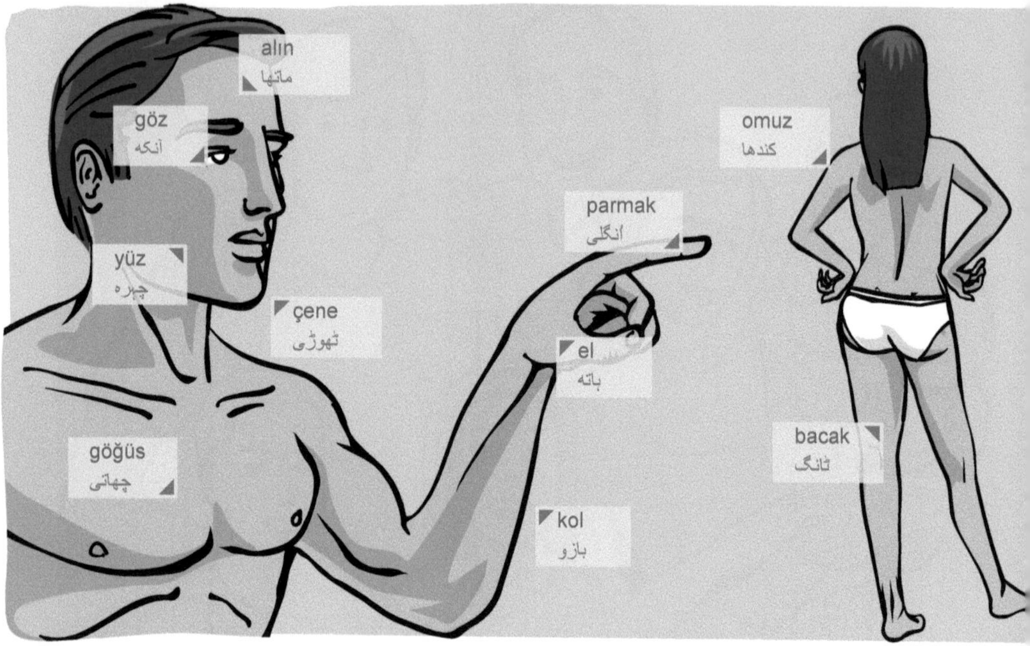

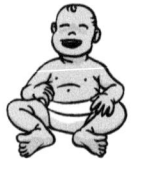

bebek

طفل

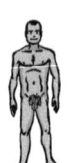

adam

آدمی

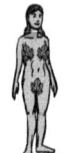

kadın

عورت

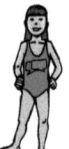

kız

لڑکی

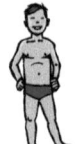

erkek çocuk

لڑکا

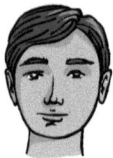

baş

سر

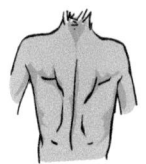

sırt

کمر

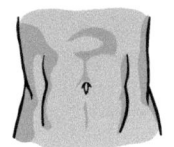

karın

پیٹ

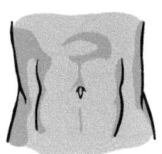

göbek

ناف

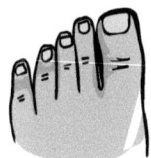

ayak parmağı

پاؤں کا انگوٹھا

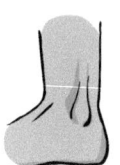

topuk

ایڑھی

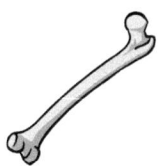

kemik

ہڈی

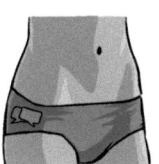

kalça

کولہا

diz

گھٹنا

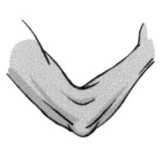

dirsek

کہنی

burun

ناک

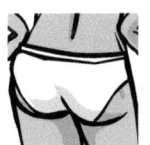

kalça

نچلا حصہ

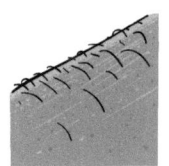

deri

جلد

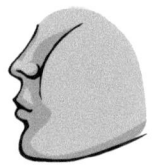

yanak

گال

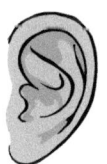

kulak

کان

dudak

ہونٹ

ağız

مُنہ

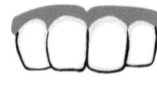

diş

دانت

dil

زُبان

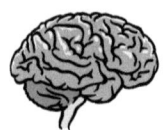

beyin

دماغ

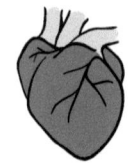

kalp

دل

kas

پٹھہ

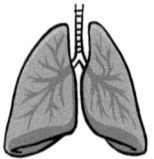

akciğer

پھیپھڑا

karaciğer

جگر

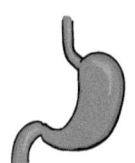

mide

معدہ

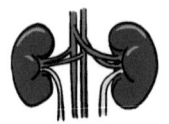

böbrekler

گردے

seks

جنس

prezervatif

کنڈوم

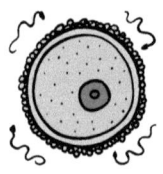

yumurtalık

بیضہ

sperm

مادہ منویہ

hamilelik

حمل

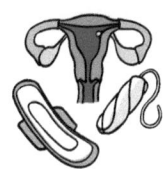

regl

حیض

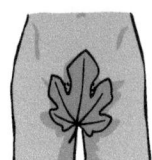

vajina

اندام نهانی

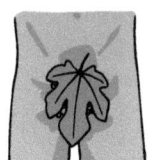

penis

عضوتناسل

kaş

بهنويس

saç

بال

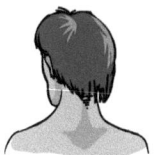

boyun

گردن

hastane

ہسپتال

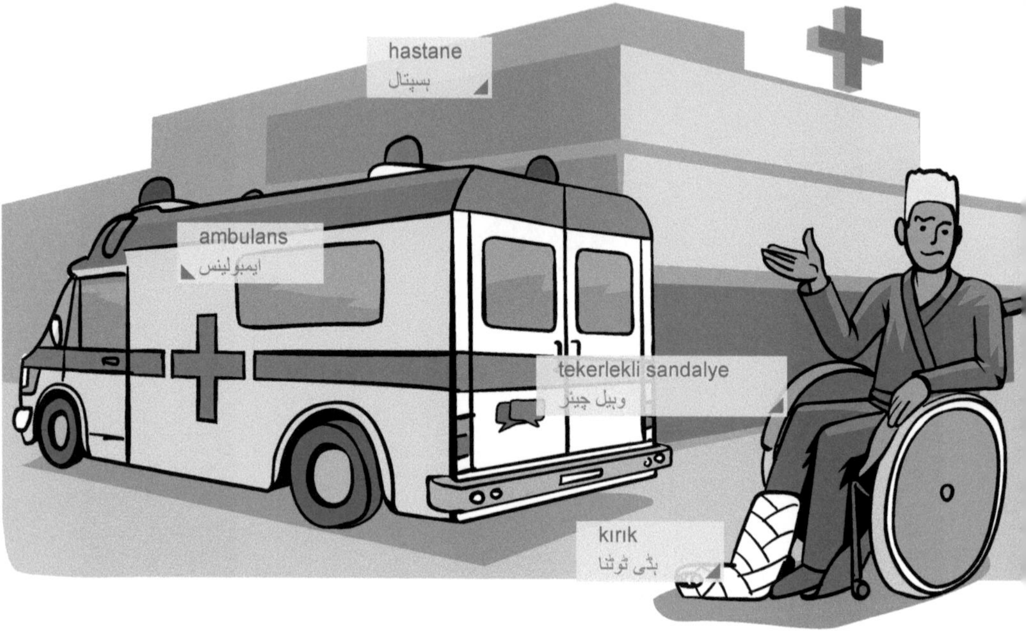
hastane
ہسپتال
ambulans
ایمبولینس
tekerlekli sandalye
وہیل چیئر
kırık
ہڈی ٹوٹنا

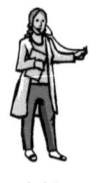

doktor

ڈاکٹر

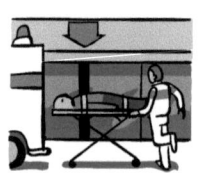

acil servis

ہنگامی کمرہ

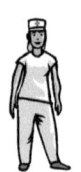

hemşire

نرس

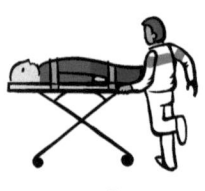

acil

ہنگامی صورتحال

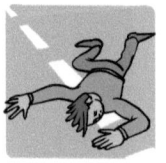

baygın

بےہوش

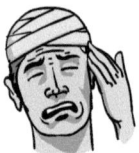

acı

درد

yaralanma

زخم

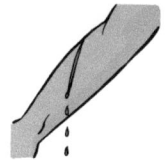

kanama

خون بہنا

kalp krizi

دل کا دورہ

felç

فالج

alerji

الرجی

öksürük

کھانسی

ateş

بخار

grip

زکام

ishal

اسہال

baş ağrısı

سردرد

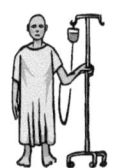

kanser

کینسر

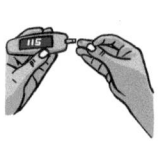

şeker hastalığı

ذیابیطس

cerrah

سرجن

neşter

نشتر

operasyon

آپریشن

bilgisayarlı tomografi

سی ٹی

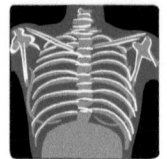

röntgen

ایکس رے

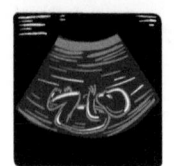

ultrason

الٹراساؤنڈ

yüz maskesi

چہرے کا نقاب

hastalık

بیماری

bekleme odası

انتظارگاہ

koltuk değneği

بیساکھی

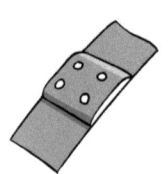

yara bandı

پلاسٹر

bandaj

پٹی

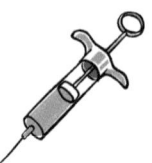

enjeksiyon

انجکشن

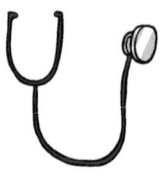

steteskop

اسٹیتھواسکوپ

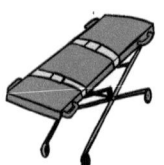

sedye

اسٹریچر

tıbbi termometre

مطبی تھرما میٹر

doğum

پیدائش

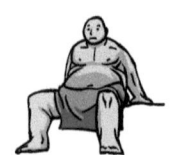

fazla kilo

حد سے زیادہ وزن

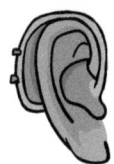

işitme cihazı

آلہ سماعت

dezenfektan

جراثیم کش

enfeksiyon

انفیکشن

virüs

وائرس

HIV / AIDS

ایچ آئی وی/ ایڈز

ilaç

دوا

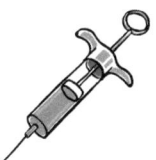

aşı

ویکسی نیشن

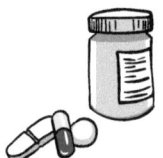

tablet

گولیاں

hap

گولی

acil çağrı

ہنگامی کال

tansiyon aleti

بلڈ پریشرمانیٹر

hasta / sağlıklı

بیمار/ صحتمند

İmdat!

مدد!

alarm

الارم

darp

مُجرمانہ حملہ

saldırı

حملہ

tehlike

خطرہ

acil çıkış

ہنگامی راستہ

Yangın!

آگ!

yangın tüpü

آگ بُجھانے والہ آلہ

kaza

حادثہ

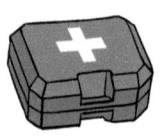

ilk yardım çantası

ابتدائی طبی امداد کی کٹ

imdat

ایس اوایس

polis

پولیس

Avrupa

يورپ

Kuzey Amerika

شمالی امريكه

Güney amerika

جنوبی امريکه

Afrika

افریقه

Asya

ايشيا

Avustralya

أستریلیا

Atlantik

بحراوقيانوس

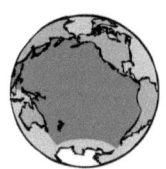

Pasifik

بحر الکاہل

Hint Okyanusu

بحرہند

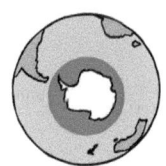

Antarktika Okyanusu

بحرقطب جنوبی

Arktik Okyanusu

بحرقطب شمالی

Kuzey Kutbu

قطب شمالی

Güney Kutbu

قُطب جنوبی

Antarktika

انتارکتیکا

dünya

زمین

kara

زمین

deniz

سمندر

ada

جزیره

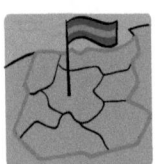

ulus

قوم

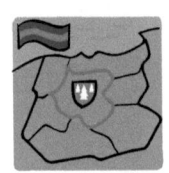

ülke

ریاست

kadran

كلاک كا سامنے كا حصہ

akrep

گھنٹوں والى سوئى

yelkovan

منٹوں والى سوئى

saniye ibresi

سيكنڈ ہينڈ

Saat kaç?

كيا وقت ہوا ہے؟

gün

دن

zaman

وقت

şimdi

اب

dijital saat

ڈيجيٹل گھڑى

dakika

منٹ

saat

گھنٹہ

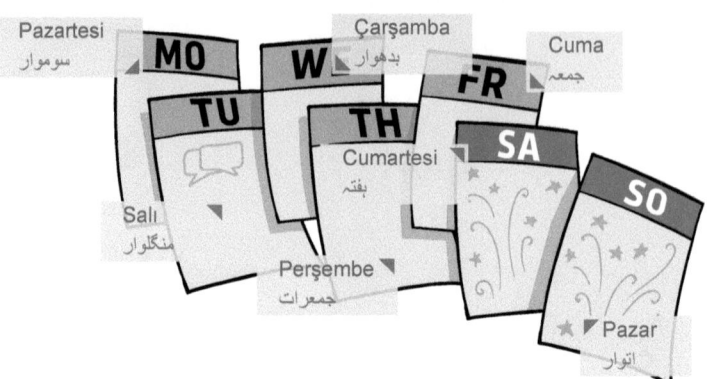

Pazartesi
سوموار

Çarşamba
بدھوار

Cuma
جمعہ

MO

W

FR

TU

TH

SA

SO

Salı
منگلوار

Cumartesi
ہفتہ

Perşembe
جمعرات

Pazar
اتوار

dün

گزرا کل

bugün

آج

yarın

کل

sabah

صبح

öğle

دوپہر

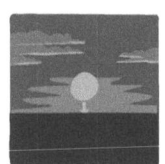

akşam

شام

MO	TU	WE	TH	FR	SA	SU
1	2	3	4	5	6	7
8	9	10	11	12	13	14
15	16	17	18	19	20	21
22	23	24	25	26	27	28
29	30	31	1	2	3	4

iş günleri

کاروباری دن

MO	TU	WE	TH	FR	SA	SU
1	2	3	4	5	6	7
8	9	10	11	12	13	14
15	16	17	18	19	20	21
22	23	24	25	26	27	28
29	30	31	1	2	3	4

hafta sonu

ہفتے کا اختتام

yıl
سال

yağmur
بارش
gökkuşağı
قوس قزح
rüzgar
بوا
kara
برف
bahar
بهار
yaz
موسم گرما
sonbahar
خزان
kış
موسم سرما

4.APRIL 11°
5.APRIL 4°
6.APRIL 13°
7.APRIL 8°
8.APRIL 10°

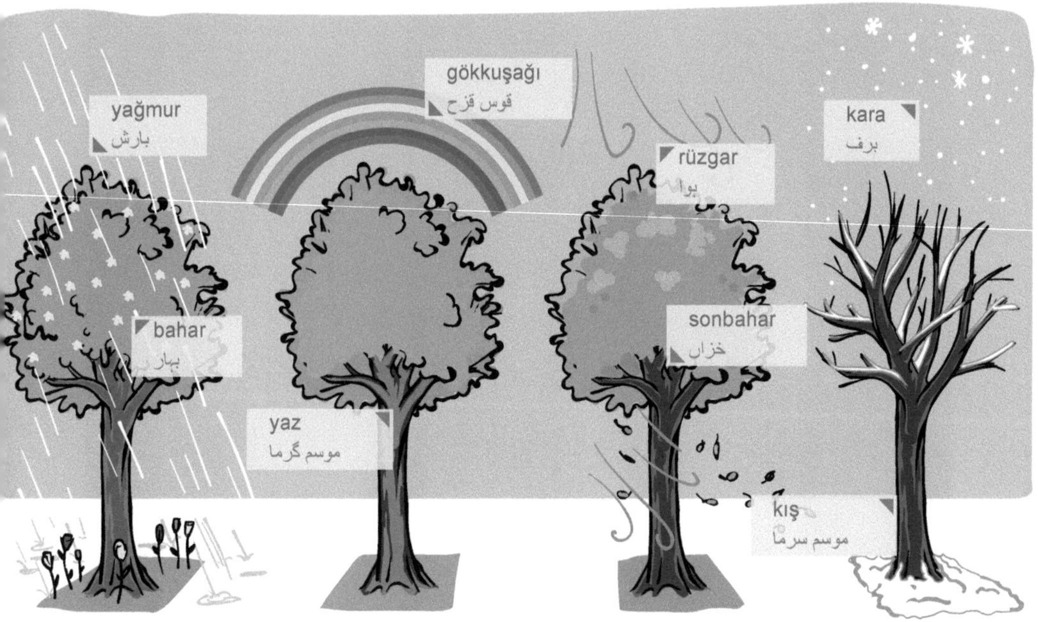

hava durumu tahmini

موسمی پیش گوئی

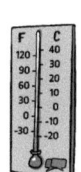

F
C
120
90
60
30
0
-30
40
30
20
10
0
-10
-20

termometre

تهرما میټر

güneş ışığı

دهوپ

bulut

بادل

sis

دُهند

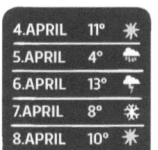

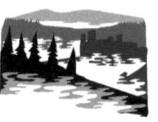

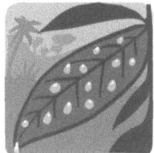

nem

حبس

şimşek

بجلی کوندھنا

gök gürültüsü

بادلوں کی گرج

fırtına

طوفان

dolu

ژالہ باری

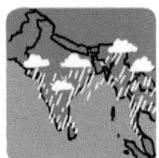

muson

مون سون

sel

سیلاب

buz

برف

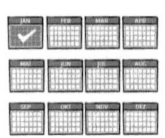

Ocak

جنوری

Şubat

فروری

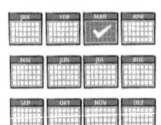

Mart

مارچ

Nisan

اپریل

Mayıs

منی

Haziran

جون

Temmuz

جولائی

Ağustos

اگست

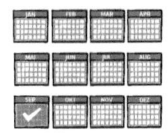

Eylül

ستمبر

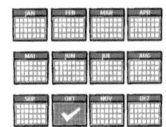

Ekim

اكتوبر

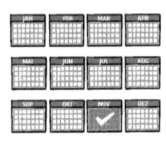

Kasım

نومبر

Aralık

دسمبر

şekiller

اشكال

daire

دائره

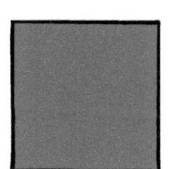

kare

چوکور

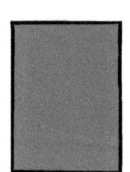

dikdörtgen

مُستطيل

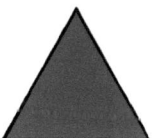

üçgen

تكون

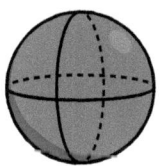

küre

گره

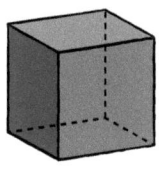

küp

مكعب

beyaz

سفید

sarı

پیلا

turuncu

نارنجی

pembe

گلابی

kırmızı

سُرخ

mor

جامنی

mavi

نیلا

yeşil

سبز

kahverengi

بھورا

gri

مٹیالا

siyah

سیاہ

çok / az

بہت زیادہ / بہت کم

kızgın / sakin

ناراض / پُرسکون

güzel / çirkin

خوبصورت / بدصورت

başlangıç / son

آغاز / اختتام

büyük / küçük

بڑا / چھوٹا

parlak / karanlık

روشن / اندھیرا

erkek kardeş / kız kardeş

بھائی / بہن

temiz / kirli

صاف / گندا

tamam / eksik

مکمل / نامکمل

gün / gece

دن / رات

ölü / canlı

زندہ / مُردہ

geniş / dar

چوڑا / تنگ

yenilebilir / yenilemez

کھانے کے قابل ہونا / کھانے کے قابل نہ ہونا

kötü / iyi

بُرا / اچھا

heyecanlı / sıkılmış

پُرجوش / بوریت کا شکار

şişman / zayıf

موٹا / دُبلا

ilk / son

پہلا / آخری

dost / düşman

دوست / دُشمن

dolu / boş

بھرا ہوا / خالی

sert / yumuşak

سخت / نرم

ağır / hafif

بوجھل / ہلکا

açlık / susuzluk

بھوک / پیاس

hasta / sağlıklı

بیمار / صحتمند

yasa dışı / yasal

غیرقانونی / قانونی

zeki / aptal

عقلمند / بیوقوف

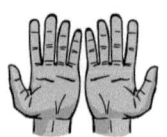

sol / sağ

بائیں / دائیں

yakın / uzak

نزدیک / دور

yeni / kullanılmış

نیا / پُرانا

hiçbir şey / bir şey

کچھ نہیں / کچھ ہے

yaşlı / genç

بوڑھا / نوجوان

açma / kapama

آن / آف

açık / kapalı

کُھلا / بند

sessiz / gürültülü

خاموش / بُلند آواز

zengin / fakir

امیر / غریب

doğru / yanlış

ٹھیک / غلط

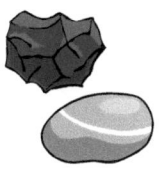

pürüzlü / düz

کُھردرا / ہموار

üzgün / mutlu

افسردہ / خوش

kısa / uzun

مُختصر / طویل

yavaş / hızlı

آہستہ / تیز

ıslak / kuru

گیلا / خُشک

sıcak / serin

گرم / ٹھنڈا

savaş / barış

جنگ / امن

0	**1**	**2**
sıfır	bir	iki
صفر	ایک	دو

3	**4**	**5**
üç	dört	beş
تین	چار	پانچ

6	**7**	**8**
altı	yedi	sekiz
چھ	سات	آٹھ

9	**10**	**11**
dokuz	on	on bir
نو	دس	گیاره

12

on iki

باره

13

on üç

تيره

14

on dört

چوده

15

on beş

پندره

16

on altı

سوله

17

on yedi

ستره

18

on sekiz

اتهاره

19

on dokuz

أنيس

20

yirmi

بيس

100

yüz

سو

1.000

bin

بزار

1.000.000

milyon

دس لاكه

İngilizce

انگریزی

Amerikan İngilizcesi

امریکی انگریزی

Çince (Mandarin)

چینی مینڈارین

Hintçe

ہندی

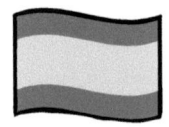

İspanyolca

ہسپانوی

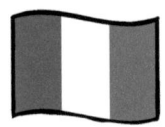

Fransızca

فرانسیسی

Arapça

عربی

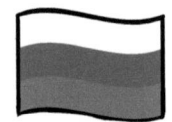

Rusça

روسی

Portekizce

پُرتگالی

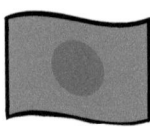

Bengalce

بنگالی

Almanca

جرمن

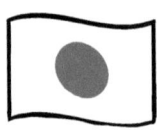

Japonca

جاپانی

ben

میں

sen

تم

o

وہ (لڑکا) / وہ (لڑکی) / یہ

biz

ہم

siz

تم

onlar

وہ

kim?

کون؟

ne?

کیا؟

nasıl?

کیسے؟

nerede?

کہاں؟

ne zaman?

کب؟

isim

نام

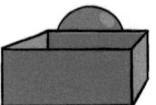

arkasında
....
پیچھے

içinde
....
میں

önünde
....
کےسامنے

üzerinde
....
اوپر

üstünde
....
پر

altında
....
نیچے

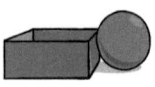

yanında
....
ساتھ

arasında
....
درمیان

yer
....
جگہ